Analizando la Enseñanza del Trabajo en el Libro Profético de Ezequiel

La Enseñanza del Trabajo en la Biblia, Volume 17

Sermones Bíblicos

Published by Seminit Publications, 2023.

While every precaution has been taken in the preparation of this book, the publisher assumes no responsibility for errors or omissions, or for damages resulting from the use of the information contained herein.

ANALIZANDO LA ENSEÑANZA DEL TRABAJO EN EL LIBRO PROFÉTICO DE EZEQUIEL

First edition. July 8, 2023.

Copyright © 2023 Sermones Bíblicos.

Written by Sermones Bíblicos.

Also by Sermones Bíblicos

Estudiando El Tabernáculo de la Biblia
El Tabernáculo: Descripción de sus Componentes
Principios Bíblicos para una Iglesia: Ilustrados por El Tabernáculo
El Tabernáculo: En el Desierto y las Ofrendas
El Tabernáculo: Las Ofrendas Levíticas, el Sacrificio de Expiación
El Tabernáculo: Un santuario Terrenal

Estudio Bíblico Cristiano Sobrevolando la Biblia con Enseñanzas de la Sana Doctrina
Estudio Bíblico: Génesis 1. La Creación en Seis Días
Estudio Bíblico: Génesis 2. Estatutos de la Creación
Estudio Bíblico: Génesis 3. La Caída del Hombre
El Tabernáculo: En el Nuevo Testamento
Estudio Bíblico: Génesis 4. Aconteció Andando el Tiempo; Presente, Tributo, Oblación
Estudio Bíblico: Génesis 5. El Mensaje que Dios tiene para Nosotros en esta Genealogía

La Enseñanza en la Clase Bíblica

Claras Palabras Proféticas: La Profecía Hecha Historia
Perspectiva de la Profecía: El Próximo Gran Acontecimiento
Desarrollo Profético de Dios: Las Señales de los Tiempos
Profecía Cronológica: Las Cosas que Sucederán en la Tierra
Seis Días Proféticos en la Biblia

Sermones de C. H. Spurgeon
La Procesión del Dolor

Sobrevolando la Biblia
Símbolos en la Biblia: Sana Doctrina Cristiana

Standalone
Cristo en Toda la Biblia: Estudio Bíblico
Notas en los Cuatro Evangelios: Comentario Bíblico
Analizando Lo que Está por Suceder: Las Profecías de Dios
Himnos del Evangelio
El Tabernáculo en la Biblia: Como Enseñar el Tabernáculo

Tabla de Contenido

Dedication

Ezequiel 16:15. *Pero tú confiaste en tu propia hermosura, y fornicaste a causa de tu fama, y derramaste tus fornicaciones sobre todo el que pasaba; suyo fue. Y de tus vestidos tomaste, y ataviaste tus altos con diversos colores, y fornicaste sobre ellos; no vendrá cosa semejante, ni será así.*

Tan pronto como los israelitas se hicieron ricos y poderosos, comenzaron a construir altares a los dioses falsos. Profanaron los mismos tesoros que Dios les había dado para hacer ídolos; y Dios llama a esto prostitución espiritual, apartarse del único Dios verdadero, que era el Esposo de la nación, para seguir a dioses falsos. Es una mala señal para cualquiera de nosotros que las bendiciones de Dios se conviertan en ídolos. Si empiezas a adorar tus riquezas, tu salud, tus hijos, tus conocimientos o cualquier cosa que Dios te haya dado, esto es una provocación excesiva al Altísimo; es una ruptura del pacto matrimonial entre tu alma y Dios. El resto del capítulo es más bien para lectura privada que para la asamblea pública. Ofrece un cuadro verdaderamente espantoso del pecado de Israel, y amontona las descripciones más terribles de la manera en que el pueblo se apartó de Dios. Confieso que, después de leer hasta el final de este capítulo, me asombra pensar que deba concluir como lo hace. Es un ejemplo asombroso del amor inmutable de Dios.

— **Charles Spurgeon**

Introducción al Libro de Ezequiel

Vivir con Dios no es sólo una cuestión de adoración y devoción personal. Vivir con Dios es también una cuestión de vivir rectamente, ya sea en el lugar de trabajo, en casa, en la iglesia o en la sociedad. Esto no contradice la enseñanza de que la salvación es sólo por gracia mediante la fe en Jesucristo (Romanos **5:1**), pero sí señala que la vida con Dios comienza con la fe en Cristo y se completa viviendo rectamente en todos los aspectos de la vida.

En el libro de Ezequiel encontramos un relato convincente del sufrimiento del pueblo judío mientras viven en la incertidumbre y la opresión -incluso la muerte- como prisioneros en el imperio conquistador de Babilonia. Cuando preguntan por qué Dios les ha permitido sufrir así, Ezequiel les da la respuesta de Dios: por su forma de vida injusta (Ez **18:1-17**). El comportamiento injusto de Israel abarcaba todos los ámbitos de la vida: el matrimonio y la sexualidad, el culto y la idolatría, el comercio y el gobierno.

Nos centramos en las prácticas laborales, y Ezequiel tiene mucho que decir sobre el lugar de trabajo. Sus palabras abarcan temas como las finanzas y la deuda, el desarrollo económico, la honradez, la asignación de capital, la evaluación del trabajo, el rendimiento justo de la inversión, el oportunismo económico, el éxito y el fracaso, la denuncia de irregularidades, el trabajo en equipo, la remuneración de los ejecutivos y la gobernanza empresarial. Además, la poderosa llamada de Ezequiel a la profecía nos da un ejemplo de cómo Dios llama a un tipo específico de trabajo.

La llamada de Ezequiel a ser profeta (Ezequiel 1-17)

Empecemos como empieza el libro, con la llamada de Dios a Ezequiel para que sea profeta. Cuando conocemos a Ezequiel, descendiente de Leví, hijo de Jacob, es sacerdote de profesión (Ez **1,2**). Como tal, su trabajo diario consistía en sacrificar, descuartizar y asar los animales que el pueblo le llevaba al templo de Jerusalén. Como sacerdote, también era el líder moral y espiritual del pueblo, enseñaba la ley de Dios y dirimía las disputas (Lv **10:11**; Dt **17:8-10**; **33:10**).

Sin embargo, su ministerio sacerdotal se vio violentamente interrumpido cuando fue llevado cautivo a Babilonia en la primera deportación de judíos de Jerusalén en el **año 605** a.C. En Babilonia, la comunidad judía exiliada se agobiaba con dos preguntas: "*¿Ha sido Dios injusto con nosotros?*" y "*¿Qué hemos hecho para merecer esto?*". El Salmo **137:1-4** capta bien la desesperación de estos judíos exiliados:

Junto a los ríos de Babilonia nos sentamos y lloramos, recordando a Sión. En los sauces, en medio de ella, colgamos nuestras arpas. Porque allí nos pedían canciones los que nos llevaban cautivos, y nos pedían alegría los que nos atormentaban, diciendo: "*Cantadnos uno de los cantos de Sión. ¿Cómo cantaremos el cántico del Señor en tierra extraña?*".

En el exilio de Babilonia, Ezequiel recibe una tremenda llamada de Dios. Al igual que la llamada de Isaías (Is **6:1-8**), la de

Ezequiel comienza con una visión de Dios (Ez **1:4-2:8**) y termina con la orden de convertirse en profeta. Las llamadas directas a un tipo específico de trabajo son raras en la Biblia, y la de Ezequiel es una de las más llamativas. Aunque la vocación original de Ezequiel era el sacerdocio, Dios le llamó a una carrera profética que era a la vez política y religiosa. Es lógico que la visión en la que recibió su llamada incluya símbolos políticos como ruedas (Ez **1,16**), un ejército (Ez **1,24**), un trono (Ez **1,26**) y un centinela (Ez **3,17**), pero no símbolos sacerdotales. La llamada de Ezequiel debería acabar con la idea de que las llamadas de Dios sacan a las personas de sus ocupaciones seculares y las llevan al ministerio eclesiástico. O para decirlo con más precisión, Ezequiel, como todos en el antiguo pueblo de Israel, no ve ninguna ocupación como secular. Cualquier trabajo que hagamos es un reflejo de nuestra relación con Dios; no hay necesidad de cambiar de ocupación para hacer un trabajo que sirva a Dios.

La carrera profética de Ezequiel comienza con el exilio en Babilonia, once años antes de la destrucción final de Jerusalén. Lo primero que Dios le pide es que cuestione las falsas promesas de los falsos profetas que aseguraban a los exiliados que Babilonia sería derrotada y que pronto volverían a casa. En los primeros capítulos del libro, Ezequiel tiene una serie de visiones que describen los horrores del asedio de Jerusalén y luego la matanza en la toma de la ciudad.

La responsabilidad de la crisis de Israel (Ezequiel 18)

La pregunta "*¿Qué hemos hecho para merecer esto?*" formulada por los judíos en el exilio proviene de la creencia errónea de que estaban siendo castigados por las acciones de sus antepasados, no por sus propias acciones. Lo vemos en el falso proverbio que citan: "*Los padres comen uvas agrias, pero los hijos tienen dolor de muelas*" (Ez **18,2**). Está claro que Dios rechaza esta afirmación. El punto aquí es que los exiliados se niegan a asumir la responsabilidad de su situación, alegando que los pecados de las generaciones anteriores son los culpables. Dios deja claro que cada persona será juzgada por sus propias acciones, ya sean justas o malvadas. La metáfora del hombre justo (Ez **18:5-9**), su hijo pecador (Ez **18:10-13**) y su nieto honrado (Ez **18:14-17**) ilustra que las personas no tienen que rendir cuentas por la moralidad de sus antepasados. Dios hace responsable al "*alma*" de cada persona. No obstante, los eruditos tienen razón al señalar que Ezequiel tiene un enfoque comunitario.

Se exige justicia a título individual, pero la restauración de Dios no tendrá lugar hasta que toda la nación viva de manera justa. Así, Dios exige que los exiliados vivan rectamente y rindan cuentas como pueblo, independientemente de lo que hayan hecho las generaciones anteriores.

Ezequiel **18:5-9** identifica varias acciones morales y de culto, tanto justas como injustas, que se convierten en los principios por los que una persona dice *"vivir"* o *"morir"*. Cuatro de estas acciones están relacionadas con el trabajo: devolver la prenda al deudor, cuidar de los pobres, no cobrar intereses excesivos y trabajar con justicia. No mantener normas justas y rectas -o peor aún, derramar indiscriminadamente la sangre de otra persona- acarreará *"la pena de muerte"* (Ez **18:13**).

El justo no reprime, devuelve la prenda al deudor (Ezequiel 18:5, 7)

———

Este principio combina el pecado general de opresión (el hebreo daka) con el pecado específico de no devolver algo tomado como prenda (hăbōl) por un préstamo. Para entender y aplicar este principio, comenzamos con la ley israelita del préstamo, tal como se resume en *The Anchor Yale Bible Dictionary:*

La Biblia hebrea reconoce abiertamente la necesidad de los préstamos e intenta evitar el cobro de intereses a los deudores. Los intereses de los préstamos en el antiguo Cercano Oriente podían ser exorbitantes para los estándares modernos (y podían cobrarse por adelantado, desde el principio del préstamo). El intento de convencer a los prestamistas de que renunciaran a posibles beneficios se basaba en la preocupación por la comunidad que Dios había liberado de la esclavitud. Un hermano podía caer en la pobreza y necesitar un préstamo, pero no debían cobrarse intereses en nombre del mismo Señor que dice: "*Yo os saqué de la tierra de Egipto*" (Lev **25:35-38**). El deseo de cobrar intereses se considera peligroso porque podría hacer que Israel cambiara una forma de esclavitud por otra forma -económica- de opresión. Es importante señalar que la totalidad del Levítico **25** se ocupa precisamente de mantener la integridad de lo que Dios ha redimido, con respecto a la liberación que debía tener lugar durante los años sabáticos y jubilares (Lev **25,1-34**), con respecto a los préstamos (Lev **25,35-38**) y con respecto a las personas contratadas como siervos (Lev **25,39-55**). El derecho de un prestamista a recibir una prenda se reconoce implícitamente en el requisito de no esperar intereses, y además se prohíben las libertades indebidas con las prendas recibidas (véase Éxodo **22:25-27**; Deuteronomio **24:10-13**). Sin embargo, ciertas prendas, manejadas adecuadamente, podían producir sus propios beneficios y, además, a los extranjeros se les podían cobrar intereses de todos modos (véase Levítico **23:19-20**). Incluso bajo una interpretación estricta de la Torá, un prestamista podía ganarse la vida.

Según la Ley de Moisés, por lo general no era legal que un prestamista embargara permanentemente un objeto dado como garantía de un préstamo. En general, las leyes bancarias modernas permiten a los prestamistas quedarse con los artículos dados como garantía (como en las casas de empeño) o embargarlos (como en los préstamos hipotecarios o para automóviles). Determinar si todo el sistema moderno de garantías es antibíblico está fuera del alcance de este capítulo.

Las leyes modernas también limitan o regulan el proceso por el que un prestamista puede tomar posesión de una garantía. Por ejemplo, en general es ilegal que un prestamista ocupe una vivienda hipotecada y obligue al prestatario a abandonarla mientras éste se encuentra bajo protección judicial durante un procedimiento de quiebra. Que un prestamista hiciera esto de todos modos sería una forma de opresión. Sólo podría ocurrir si el prestamista tuviera el poder y la impunidad para operar al margen de la ley.

En el nivel más básico, Dios dice en Ezequiel **18:7**: "*No quebrantes la ley para conseguir lo que crees que te pertenece por derecho, aunque tengas el poder de salirte con la tuya*". En las prácticas comerciales de la vida real, la mayoría de los prestamistas (salvo los usureros) no ejecutan las hipotecas al margen de la ley. Así que tal vez Ezequiel **18:7** no tenga nada de desafiante para los lectores modernos en negocios legítimos.

Pero no tan rápido. En toda la ley de préstamos del Antiguo Testamento subyace la suposición de que los préstamos se hacen principalmente por el bien del prestatario, no del prestamista. La razón por la que prestas dinero a la gente con la garantía de su manto, incluso si sólo puedes quedarte con el manto hasta el atardecer, es porque tienes dinero de sobra y el prestatario lo necesita. Como prestamista, tienes derecho a estar seguro de que recuperarás tu dinero, pero sólo si el prestatario se ha beneficiado lo suficiente como para devolvértelo. No debes conceder un préstamo que sabes que es improbable que el prestatario devuelva porque no puedes retener la garantía indefinidamente.

Esto tiene aplicaciones obvias a la crisis hipotecaria de **2008-2009**. Los prestamistas de alto riesgo concedieron préstamos hipotecarios que sabían que era improbable que millones de prestatarios devolvieran. Para recuperar su inversión, los prestamistas confiaban en el aumento de los precios de la vivienda y en su capacidad para forzar la venta o recuperar la propiedad si el prestatario no pagaba. Los préstamos se concedían independientemente del beneficio del prestatario, siempre que beneficiaran a los prestamistas. O al menos esa era la intención. En realidad, la repentina aparición de cientos de miles de propiedades embargadas en el mercado deprimió tanto el valor de las propiedades que los prestamistas perdieron dinero incluso después de embargarlas. La declaración de Dios en torno al **año 580** a.C. de que "*la sangre del opresor caerá sobre su cabeza*" (Ezequiel **18:13**) resultó ser cierta para el sistema bancario en el **año 2000 d.**C.

La condena divina de los tratos que no proporcionan ningún beneficio al comprador no tiene por qué limitarse a la deuda titulizada. Ezequiel **18:7** se refiere a los préstamos, pero el mismo principio se aplica a productos de todo tipo. Ocultar información sobre los defectos y riesgos de un producto, vender productos más caros de lo que el comprador necesita, desajustar los beneficios del producto con las necesidades del comprador... todas estas prácticas son similares a la opresión descrita en Ezequiel **18:7**. Pueden introducirse incluso en empresas bienintencionadas. Pueden introducirse incluso en empresas bienintencionadas. Pueden colarse incluso en negocios bienintencionados a menos que el vendedor haga del bienestar del comprador un objetivo inviolable de la transacción de venta. Cuidar del comprador es "*vivir*", en la terminología de Ezequiel.

El justo no roba, sino que da de comer al hambriento y viste al desnudo" (Ezequiel 18:7)

Puede parecer una extraña combinación de ideas. ¿Quién podría discutir la prohibición de robar? Pero, ¿qué relación existe entre robar y la obligación de alimentar al hambriento y vestir al desnudo? Como en Ezequiel **18:7a**, el vínculo es la exigencia de interesarse por el bienestar económico de los demás. En este caso, sin embargo, *"los demás"* no son la contrapartida de una transacción comercial, sino simplemente cualquier persona con la que nos encontramos en un día cualquiera. Si conoces a alguien que tiene algo que necesita pero tú quieres, no debes robarle. Si conoces a alguien que carece de algo que a ti te sobra, debes dárselo, o al menos cubrir sus necesidades básicas, como comida y ropa.

Detrás de esta advertencia un tanto sorprendente está la ley económica de Dios: somos administradores, no propietarios, de todo lo que tenemos. Debemos considerar la riqueza como una riqueza común, pues todo lo que tenemos es un don de Dios para que ninguno de nosotros sea pobre (Dt **6,10-15**; **15,1-18**). Esto queda claro en las leyes que exigen la cancelación de las deudas cada siete años y la redistribución de la riqueza acumulada en el año del Jubileo (Lev **25**). Una vez cada cincuenta años, el pueblo de Dios debía reequilibrar la riqueza de la tierra para corregir los males de la sociedad humana. En los años intermedios, debían vivir como administradores de todo lo que poseían:

No os hagáis mal los unos a los otros, sino temed a vuestro Dios, porque yo soy el Señor, vuestro Dios. Guardaréis mis estatutos y observaréis mis leyes para ponerlas por obra, a fin de que habitéis seguros en la tierra. (Lev **25,17-18**)

La tierra no se venderá permanentemente, porque la tierra es mía; pues vosotros sólo sois extranjeros y forasteros conmigo (Lev **25:23**).

Si un hermano tuyo se empobrece y sus medios disminuyen contigo, lo mantendrás como forastero o extranjero para que pueda vivir contigo. No le saques intereses ni usura, sino teme a tu Dios para que tu hermano viva contigo. No le darás tu dinero por interés, ni tu comida por ganancia. *Yo soy el Señor, tu Dios, que te saqué de la tierra de Egipto para darte la tierra de Canaán, y para ser tu Dios*". (Lev **25,35-38**).

El decreto de Ezequiel **18:7** no está directamente relacionado con la enseñanza del trabajo, ya que tiene poco que ver con la producción real de cosas de valor. En cambio, forma parte de la enseñanza sobre la riqueza, la administración y la disposición de las cosas de valor. Sin embargo, puede haber una conexión. ¿Qué pasaría si trabajaras para satisfacer las necesidades de otra persona en lugar de las tuyas? Además de evitar el robo, esto le motivaría a trabajar de forma que proporcionara alimentos, ropa y otras necesidades a personas necesitadas. Un ejemplo sería una empresa farmacéutica que crea una política de uso compasivo cuando planifica un nuevo medicamento. Otro ejemplo sería una empresa minorista que tiene la accesibilidad como elemento clave de su modelo de negocio. Por otro lado, este principio se opone a un negocio que sólo puede tener éxito cobrando precios elevados por productos que no satisfacen necesidades reales, como una empresa farmacéutica que produce reformulaciones triviales para prolongar la vida de sus patentes.

El justo no presta dinero con usura ni pide prestado con interés (Ezequiel 18: 8)

———

Los estudiosos de la Biblia han dedicado mucho tiempo a investigar y especular si la ley del Antiguo Testamento prohíbe completamente el cobro de intereses. La traducción más natural de Ezequiel **18**:8a puede ser la NKJV: *"que no presta dinero a interés ni cobra usura"*. No fue hasta algún tiempo después de la Reforma cuando los cristianos interpretaron generalmente que la Biblia prohibía el cobro de intereses en los préstamos. Por supuesto, esto interferiría gravemente con el uso productivo del capital tanto en la época moderna como en la antigua, y parece que los intérpretes contemporáneos han tendido a relajar la prohibición refiriéndose a la usura, como hace la RVA. Para justificar esta relajación, algunos han argumentado que los descuentos iniciales (lo que ahora llamamos *"bonos de cupón cero"*) estaban permitidos en la antigua nación de Israel, y que sólo estaban prohibidos los intereses adicionales, incluso si el préstamo no se devolvía a tiempo. Al igual que con la cuestión de la garantía de pago tratada anteriormente, está fuera del alcance de este capítulo evaluar la legitimidad de todo el sistema moderno de intereses. En su lugar, examinaremos el resultado de cada caso.

Si se mantiene la interpretación más estricta, las personas con dinero tendrán la opción de prestar o no prestar. Si no se les permite cobrar intereses y no se les permite embargar la garantía para el pago, entonces pueden preferir no prestar dinero a nadie. Pero tal respuesta está prohibida por Dios: "*Pero tú le abrirás libremente la mano y le prestarás generosamente lo que necesite para cubrir sus necesidades*" (Deut. **15:8**). En Lucas **6:35**, Jesús repite y amplía este mandamiento: "*Amad a vuestros enemigos, haced el bien y prestad sin esperar nada a cambio*". La finalidad del préstamo es principalmente en beneficio del prestatario, no del prestamista. El temor del prestamista a no ser reembolsado debe convertirse en una preocupación secundaria. El prestamista potencial tiene el capital y el prestatario potencial lo necesita.

Por otra parte, si aceptamos que el sistema moderno de intereses es justo, entonces también se aplica este principio. El capital debe invertirse productivamente, no retenerse por miedo, y éste es precisamente el significado literal de la parábola de los talentos de Jesús (Mt **25, 14-30**). Dios prometió a Israel, su preciosa posesión, que proveería a sus necesidades. Cuando una persona descubre que le sobra capital, le debe al Dios de la provisión utilizarlo -ya sea mediante una inversión o un donativo- para atender a los necesitados. El desarrollo económico no está prohibido; al contrario, es necesario. Pero debe ser de utilidad productiva para quienes necesitan capital, y no meramente para la conveniencia de quienes lo poseen.

El justo no comete injusticia, sino que juzga rectamente a las partes (Ezequiel 18:8)

———

Como había hecho antes, aquí Ezequiel presenta a sus lectores una norma general (no hacer el mal) junto con una norma específica (juzgar con justicia entre las personas). Una vez más, el principio unificador es que la persona con más poder debe preocuparse por la necesidad de la persona con menos poder. En este caso, el poder en cuestión es el de juzgar entre dos personas. Todos los días, la mayoría de nosotros nos enfrentamos a momentos en los que podemos juzgar entre una persona y otra. Puede ser tan pequeño como decidir qué voz prevalece a la hora de elegir dónde comer. Puede ser tan grande como decidir a quién creer en una acusación de comportamiento inapropiado. Rara vez nos damos cuenta de que cada vez que tomamos una decisión de este tipo, ejercemos el poder de juzgar.

Muchos problemas graves en el trabajo surgen porque las personas sienten que se las considera menos importantes que a otras de su entorno. Esto puede deberse a juicios formales u oficiales, como las evaluaciones de rendimiento, las decisiones sobre proyectos, los premios a los empleados o los ascensos. O puede surgir de juicios informales, como quién presta atención a sus ideas o con qué frecuencia son el blanco de las bromas. En cualquier caso, los hijos de Dios tenemos la obligación de ser conscientes de este tipo de juicios y de ser justos a la hora de participar en ellos. Sería interesante llevar un registro de los juicios (grandes o pequeños) en los que participamos durante un solo día, y luego preguntarnos cómo actuaría en cada uno la persona justa de Ezequiel **18:8**.

Ezequiel **18** es más que un conjunto de normas para la vida en el exilio; es una respuesta a la desesperación de los exiliados expresada en el estribillo de Ezequiel **18:2**: *"Los padres comen las uvas agrias, pero a los hijos les duelen los dientes"*. El argumento del capítulo **18** refuta el proverbio, pero no mediante la eliminación total de la retribución transgeneracional. La enseñanza de la responsabilidad moral personal es una respuesta a la desesperación del exilio (véase Sal **137**) y a las cuestiones de teodicea que se encuentran en la frase: *"El camino del Señor no es recto"* (Ez **18,25.29**). El Señor responde a las preguntas de los exiliados: *"Si somos pueblo de Dios, ¿por qué nos han desterrado?"*. *"¿Por qué sufrimos? "¿Le importa a Dios?"*- con una llamada a vivir rectamente.

En el periodo entre la transgresión pasada y la restauración futura, entre la promesa y el cumplimiento, entre la pregunta y la respuesta, los exiliados deben vivir rectamente. De ese modo podrán encontrar sentido, propósito y recompensa final. Dios no se limita a repetir leyes de buena y mala conducta para que la gente las cumpla, sino que les llama a vivir rectamente a nivel nacional, cuando Israel sea finalmente *"Mi pueblo"* (Ez **11:20**; **14:11**; **36:28**; **37:23, 27**).

Las características de la justicia en Ezequiel **18** proporcionan un importante modelo para la vida en la nueva alianza, cuando la comunidad se caracterizará por la ética de la *"justicia"* (Ezequiel **18:5, 19, 21, 27**). Es un desafío al lector para que viva ahora según la nueva alianza, que es un medio de asegurar la esperanza en el futuro. En nuestros días, los cristianos son miembros de la nueva alianza con el mismo llamamiento de Mateo **5:17-20** y **22:37-40**. De este modo, Ezequiel **18** es sorprendentemente instructivo y aplicable a nuestras propias vidas en el lugar de trabajo, independientemente del entorno. Vivir esta rectitud personal en el lugar de trabajo da vida y sentido a nuestras circunstancias presentes, anticipando un mañana mejor, trayendo el futuro reino de Dios al presente y proporcionando una visión de lo que Dios espera de su pueblo en su conjunto. Dios recompensa ese comportamiento, que sólo es posible mediante un corazón nuevo y un espíritu nuevo (Ez **18:31-32**; 2Co **3:2-6**).

El colapso sistémico de Israel
(Ezequiel 22)

En caso de que los judíos exiliados en Babilonia se perdieran el modelo positivo del capítulo **18**, Ezequiel **22** les da una imagen explícita del lugar donde la nación se desvió del camino ordenado por Dios. Jerusalén es el escenario en el que el profeta observa los factores políticos, económicos y religiosos que condujeron a su destrucción final. Según Robert Linthicum, la finalidad del sistema político es establecer una política de justicia y obediencia a Dios (Deut. **16:18-20**; **17:8-18**). El sistema económico consiste en mantener una economía de mayordomía y generosidad (Dt **6:10-15**; **15:1-18**). El sistema religioso es el principal responsable de llevar a las personas a una relación con Dios y de fundamentar los sistemas político y económico en Dios (Dt **10:12**; **11:28**). La religión es una especie de valla para la comunidad y da sentido a la vida. El sistema político proporciona el proceso y el sistema económico el sustento de la comunidad. Cuando el sistema religioso deja de funcionar, todo lo demás cae en el caos. Según la ley de Dios, la brecha entre ricos y pobres (riqueza y pobreza) es un indicador directo de la distancia entre Dios y una comunidad o nación.

En Ezequiel **22**, el profeta muestra a los judíos exiliados por qué el juicio de Dios debe caer sobre su nación: *"Desde los príncipes hasta los sacerdotes, los falsos profetas y todo el pueblo de la tierra, todos os habéis convertido en escoria"* (Ezequiel **22:19**). La paciencia de Dios ha llegado a su límite, y la paga de cada pecado "*comercial*" traerá muerte y destrucción a los responsables. ¿Qué se incluye en esta lista de pecados? Usar el poder para derramar sangre (Ez **22:6**); tratar a los padres con desprecio, tratar al forastero con violencia y oprimir al huérfano y a la viuda (Ez **22:7**); calumniar con el propósito de derramar sangre (Ez **22:9**); pecados sexuales y acoso (Ez **22:11**); cobrar intereses y obtener ganancias a expensas de los pobres, hacer ganancias injustas (Ez **22: 12**); conspirar para devastar al pueblo, robar tesoros y cosas preciosas y dejar viudas a muchas mujeres (Ez **22:25**); quebrantar la ley, profanar las cosas santas, enseñar el mal e ignorar el sábado de Dios (Ez **22:8**, **26**); líderes que son como lobos y despedazan a sus presas para obtener ganancias injustas (Ez **22:27**); los profetas que encubren estas acciones (i. e., profetas que encubren estos actos con visiones y predicciones falsas (Ez **22:28**); y el pueblo que practica la extorsión y el robo en la tierra, que oprime al pobre y al necesitado, que maltrata al extranjero y le niega la justicia (Ez **22:29**).

Al final, Dios buscó al menos a una persona justa que se interpusiera en la brecha, pero no la encontró. Es esta falta total de interés en las relaciones justas lo que trae la ira y el castigo de Dios. El capítulo termina (Ez **22:31**) cuando Dios deja de proteger al pueblo mientras éste se destruye a sí mismo. ¿Cómo trae Dios el juicio? Permite que los sistemas sigan su curso natural sin intervenir, de modo que la espiral descendente termina en destrucción.

Las palabras de Ezequiel siguen siendo actuales. Todavía hay personas que se benefician de actividades ilegales como la extorsión, el robo, el fraude, la calumnia y la violencia. Pero aún más preocupantes son las muchas maneras que la gente encuentra para mantenerse dentro de la ley mientras comete injusticias en su afán de lucro. Por ejemplo, ofrecen a los consumidores desprevenidos préstamos e instrumentos financieros de alto coste, alimentos y bebidas poco saludables y bienes y servicios con precios excesivos. Utilizan demandas judiciales, cláusulas contractuales abusivas, cartas intimidatorias y otras tácticas para impedir que las personas vulnerables ejerzan sus derechos legales. Utilizan publicidad y prácticas de venta engañosas. Hacen trampas con los impuestos, ocultan ingresos y obtienen títulos falsos para obtener beneficios. Incumplen sus promesas. Si Dios buscara hoy al menos a una persona justa, ¿sería alguien que siempre ha actuado honestamente en los negocios y las finanzas?

¿De dónde viene el éxito? (Ezequiel 26-28)

Las profecías contra Tiro en Ezequiel **26-28** ofrecen otro ejemplo de vida deshonesta. Los habitantes de Tiro se alegran de la destrucción de Jerusalén, esperando beneficiarse de la ausencia de competencia comercial (Ezequiel **26:2**). Dios promete castigarlos y humillarlos (Ezequiel **26:7-21**) por no ayudar a Judá en este momento de necesidad. *"Tiro puede representar la búsqueda -a través de la riqueza, la prominencia política e incluso la cultura- de una seguridad y autonomía que contradicen la naturaleza de una realidad creada"*. La verdad es que ninguna persona o nación puede garantizar verdaderamente su propia seguridad y prosperidad. Sin embargo, Tiro presume de su éxito comercial, su perfección y su abundancia (Ezequiel **27:2-4**). Esta ciudad, que se había convertido en una potencia marítima comerciando con (o beneficiándose de) innumerables pueblos de todo el mundo mediterráneo (Ezequiel **27:5-25**), acabó derrumbándose bajo el peso de su abundante carga. El exceso de confianza y los tratos egoístas de Tiro acabaron en un naufragio que provocó el desprecio de los mercaderes de la nación (Ezequiel **27:26-36**). Dios pide cuentas a Tiro por su arrogancia y sus deseos materiales, culminando en un poema contra el rey en el capítulo **28**. El rey atribuye a su propia condición divina el ingenio y la sabiduría para conseguir gran prominencia y éxito material.

Hoy en día, los poderosos también sienten la tentación de atribuir su éxito a la ayuda divina o a su posición. Lloyd Blankfein, Consejero Delegado de Goldman Sachs, destacó el servicio crucial de los banqueros a la hora de reunir capital para ayudar a las empresas a crecer, producir bienes y servicios y crear empleo. Pero cuando el tema giró en torno a las remuneraciones récord en el sector bancario, a muchos les pareció que su afirmación: *"Estamos haciendo el trabajo de Dios"*, cruzaba la línea de la toma de posición divina. Las palabras de Ezequiel nos siguen recordando que todas las áreas de trabajo tienen el potencial tanto de servir a los propósitos de Dios como de excusar nuestros propios excesos.

Las lecciones de los capítulos **26-28** para el ministerio en el mundo son significativas. Dios nos prohíbe creer que somos la fuente principal del éxito laboral. Aunque nuestro trabajo duro, talento, perseverancia y otras virtudes contribuyen al éxito laboral, no son su causa. Incluso la persona de más éxito que haya sido artífice de su propio éxito ha tenido que depender de un universo de oportunidades, circunstancias fortuitas, el trabajo de otros y el hecho de que nuestra propia existencia proviene de algo más allá de nosotros mismos.

Atribuir el éxito únicamente a nuestros propios esfuerzos crea una arrogancia que rompe nuestra relación con Dios. En lugar de agradecer a Dios por nuestro éxito y confiar en que Él continuará proveyendo, pensamos que hemos alcanzado el éxito por nosotros mismos. Sin embargo, no tenemos el poder de controlar todas las circunstancias, oportunidades, personas y eventos de los que depende nuestro éxito. Cuando creemos que somos los artífices de nuestro propio éxito, nos obligamos a intentar controlar factores incontrolables, lo que nos presiona para que las cosas se vuelvan a nuestro favor. Aunque en el pasado hayamos tenido éxito haciendo negocios de forma honesta y legal, ahora podemos intentar mejorar las probabilidades cambiando la verdad en nuestro beneficio, participando entre bastidores en la manipulación de licitaciones, manipulando a otros para que hagan lo que nosotros queremos o ganándonos el favor de los demás mediante sobornos estratégicos. Incluso si podemos mantenernos en el lado correcto de la ley, podemos volvernos despiadados y *"violentos"* (Ezequiel **28:16**) en nuestros tratos comerciales.

Los que eran verdaderamente sabios se comportaban con rectitud y no usurpaban el lugar de Dios en su pensamiento mientras esperaban que Él cumpliera sus promesas. Permanecieron fieles a su pacto con el Señor, que recompensará a los fieles con los beneficios apropiados para cumplir su parte del pacto (véase la esperanza para Israel en Ez **28:22-26**). Por último, Dios separará a los justos de los impíos (Ez **34,17-22**; cf. Mt **25,31-46**). Esto da una gran esperanza a los *"exiliados"* que esperan el cumplimiento del reino de Dios, tanto si viven en el mundo antiguo como en el moderno, sobre todo cuando se plantean cuestiones de justicia y desolación.

Atención a la advertencia a los demás (Ezequiel 33)

Ezequiel **18** y **33** presentan un tema similar y tienen funciones estructurales dentro del conjunto del libro. La llamada a la justicia personal para *"vivir"* y la llamada al arrepentimiento en medio del cuestionamiento de la justicia de Dios, presentadas por primera vez en el capítulo **18**, se esbozan en el capítulo **33** de forma casi literal. Sin embargo, el capítulo **33** presenta una idea que no se encuentra en el capítulo **18**: en Ezequiel **33:1-9**, Dios reevalúa la llamada de Ezequiel a ser vigilante o centinela de la nación, tal y como se estableció por primera vez en el capítulo **3**. Como vigilante a la puerta de la nación, Ezequiel se convierte en el centinela de la nación. Como centinela a la puerta de la ciudad, responsable de advertir a los habitantes de una amenaza del enemigo, Ezequiel es personalmente responsable de proclamar el inminente juicio de Dios y animarles a arrepentirse para ser liberados de su culpa:

Y a ti, hijo de hombre, te he puesto por centinela de la casa de Israel; escucha, pues, la palabra de mi boca, y adviérteles de mi parte. Si yo dijere al impío: Impío, de cierto morirás, y tú no hablares para amonestar al impío de su camino, ese impío morirá por su iniquidad, y yo demandaré su sangre de tu mano. Pero si por tu parte adviertes al impío para que se aparte de su camino, y él no se aparta de su camino, morirá por su iniquidad, pero tú habrás redimido tu vida. (Ez **33:7-9**)

Se trata de un importante añadido a la llamada a la justicia presentada en Ezequiel **18** y recordada en el capítulo **33** en vísperas de la destrucción de Jerusalén (Ez **33:21-22**). Dios exige que el Atalaya desempeñe un papel importante en el llamamiento a la justicia individual y colectiva asumiendo la responsabilidad personal y la propiedad del arrepentimiento de los exiliados.

Debemos identificarnos no sólo con los oyentes de Ezequiel (Ez **18**), sino también con el propio Ezequiel. Aceptamos la tarea encomendada por Dios de llamar a otros a vivir rectamente y a volver a una relación correcta con Dios. En el Antiguo Testamento, algunas personas fueron llamadas a ser profetas y recibieron el mandato de llevar la Palabra de Dios al pueblo. Pero como miembros de la Nueva Alianza, todos los cristianos están llamados a realizar la labor del profeta. El profeta Joel lo predijo cuando proclamó la Palabra de Dios: *"Derramaré mi Espíritu sobre toda carne; y vuestros hijos y vuestras hijas profetizarán, vuestros ancianos soñarán sueños, vuestros jóvenes verán visiones"* (Joel **2,28**). Además, el apóstol Pedro la proclamó como una realidad presente el día de Pentecostés (Hch **2,33**).

La responsabilidad profética de todos los cristianos ofrece varias lecciones para la enseñanza y es relevante para nuestro testimonio en el lugar de trabajo. Dios llama a cada uno de nosotros a responsabilizarse personalmente del destino de los demás. Debemos ser centinelas por derecho propio, pidiendo cuentas a quienes nos rodean. No sólo están en juego sus vidas, sino también las nuestras (Ez **33:9**).

Esto no nos resulta natural en una época y una cultura que valoran el individualismo, pero Dios sí nos hará responsables ante Él por las vidas justas de los demás. Como sucedía en Babilonia, así sucede hoy: las estructuras sociales a menudo nos tientan a permitir prácticas abusivas o injustas. En términos del lugar de trabajo, esto significa que los cristianos tienen la responsabilidad personal de trabajar por la justicia en sus lugares de trabajo. Este tema plantea algunas preguntas que podemos hacernos sobre tal responsabilidad. Por ejemplo:

- *¿Estamos comunicando las palabras de Dios a las personas con las que trabajamos? En todos los lugares de trabajo, los cristianos observamos -y nos sentimos presionados a participar- en cosas que sabemos que son inconsistentes con la Palabra de Dios. ¿Ponemos la verdad de Dios por encima de la aparente comodidad de encajar en el grupo? Esto no es un llamado a juzgar en el trabajo, pero puede significar defender a la persona que es tratada como chivo expiatorio por el fracaso de un departamento, o ser el primero en votar para poner fin a una campaña publicitaria engañosa. Puede significar admitir la propia implicación en un conflicto de oficina, o expresar confianza en que una revisión honesta del rendimiento acabará compensando lo que parece estar causando. Son formas de comunicar las palabras de Dios a los demás en el lugar de trabajo.*
- *¿Son nuestras vidas una ilustración del mensaje de Dios? Nuestra comunicación no se limita a las palabras, sino también a los hechos. A lo largo de su ministerio, Ezequiel fue literalmente una ilustración visual andante*

de las promesas y los juicios de Dios. Un director general de Silicon Valley pidió al director financiero que "encontrara" dos millones de dólares más de beneficios para el informe trimestral que debía presentarse dentro de una semana. La directora financiera sabía que para ello tendría que clasificar erróneamente ciertos gastos como inversiones y ciertas inversiones como ingresos. Esa misma semana, tuvo su reunión mensual con otros directores financieros cristianos, que la animaron a defender su postura ante el director general. El día que tenía que presentar el informe, le dijo al director general: "Aquí está el informe con los dos millones de dólares de beneficios adicionales que usted pidió". Puede que sea legal, pero no es cierto. No puedo firmarlo, así que sé que va a tener que despedirme. La respuesta de tu director general fue: "Si no lo firmas tú, no lo firmo yo". Confío en que sepa lo que hace. Tráiganme el informe original con la información correcta; lo publicaremos y asumiremos la responsabilidad por no alcanzar la rentabilidad estimada. Tanto de palabra como de obra, este director financiero demostró lo que significa vivir según la Palabra de Dios, y esto influyó en el director general para que hiciera lo mismo.

Ezequiel **33** muestra que, aunque cada individuo está llamado a la justicia personal, los profetas también son responsables de advertir a otros exiliados para que actúen con justicia. La metáfora del vigilante en Ezequiel **33** refleja la expectativa de Dios de que nos interesemos especialmente por la vida de los demás en nuestro lugar de trabajo. Esto prepara el terreno para una idea similar en el capítulo siguiente, donde la metáfora cambia.

ANALIZANDO LA ENSEÑANZA DEL TRABAJO EN EL LIBRO PROFÉTICO DE EZEQUIEL

una idea similar en el capítulo siguiente, donde la metáfora cambia.

El fracaso de Israel en el liderazgo (Ezequiel 34)

La culpa del fracaso en el cuidado del pueblo recae en los líderes de Israel. Ezequiel **34** utiliza la metáfora del pastoreo para ilustrar cómo los dirigentes de Israel (los pastores) oprimían al pueblo (el rebaño) dentro del reino de Dios. Los pastores sólo buscaban sus propios intereses vistiéndose y alimentándose a sí mismos a expensas de las necesidades del rebaño (Ez **34:2-3**, **8**). En lugar de fortalecer y curar a las ovejas en sus momentos de necesidad o buscarlas cuando se perdían, los pastores las gobernaban con dureza (Ez **34:4**). Esto dejó a las ovejas vulnerables ante las bestias salvajes (las naciones hostiles) y las dispersó por todo el mundo (Ez **34:5-6**, **8**). Por lo tanto, Dios promete rescatar a las ovejas de la *"boca"* de los pastores (los gobernantes de Israel), buscarlas y cuidarlas, y traerlas de vuelta desde donde fueron dispersadas (Ez **34:9-12**). Los devolverá a su tierra, los alimentará y los apacentará en pastos buenos y seguros (Ez **34,13-14**). Por último, Dios juzgará entre las ovejas gordas (las beneficiarias y partícipes de la opresión) y las ovejas flacas (las débiles y oprimidas, Ez **34:15-22**). Esta salvación culmina con el futuro nombramiento del pastor supremo, un segundo David, que apacentará y cuidará el rebaño de Dios como debería hacerlo un príncipe bajo el gobierno de Dios (Ez **34:23-24**). Esto marcará un tiempo en el que Dios hará un pacto de paz con Sus ovejas/pueblo que asegurará las bendiciones de Dios de protección, fecundidad y libertad en la tierra (Ez **34:25-31**).

Entonces todos sabrán que Dios está con Su pueblo y que Él es su verdadero Dios (Ez. **34:30-31**).

Esto marcará un tiempo en el que Dios hará un pacto de paz con Su pueblo/oveja que asegurará las bendiciones de Dios de protección, fruto y libertad en la tierra (Ez. **34:25-31**). De este modo, todos sabrán que Dios está con Su pueblo y es su verdadero Dios (Ez. **34:30-31**). La metáfora del pastoreo envía un mensaje que promete juicio sobre los malvados gobernantes de Israel y esperanza para los oprimidos y desprotegidos de la nación. Este mensaje de liderazgo del pastoreo también se aplica a otras profesiones. Los buenos líderes buscan los intereses de los demás antes de "*alimentarse*" a sí mismos. El liderazgo que imita al "*buen pastor*" de Juan **10:11**, **14** es fundamentalmente un ministerio que requiere una preocupación genuina por el bienestar de los subordinados. Dirigir personas no es abusar del poder o tener poder sobre otros. Por el contrario, los supervisores piadosos buscan asegurar que las personas bajo su cuidado prosperen. Esto es coherente con las mejores prácticas de gestión que se enseñan en las escuelas de negocios y que se utilizan en muchas empresas, pero las personas piadosas lo hacen por su fidelidad a Dios, no porque sea una práctica aceptable en sus organizaciones.

Andrew Mein señala que la mayoría de los lectores "*prestan muy poca atención a cómo las realidades económicas pueden guiar cualquier uso particular de una metáfora, con el resultado de que todas las imágenes bíblicas del pastoreo se convierten en una imagen bastante monocromática de generosidad bondadosa*". Aunque Ezequiel **34** refleja el cuidado de Dios por sus ovejas (al igual que otros pasajes sobre el pastoreo, por ejemplo, Jeremías

23; Salmo **23**; Juan **10**), el capítulo reflexiona más específicamente sobre la economía del pastoreo antiguo y, por tanto, se aplica más específicamente a las responsabilidades económicas de un líder. Los pastores han violado la economía de sus obligaciones al *"no producir el rendimiento requerido de una inversión y apropiarse indebidamente de la propiedad del dueño"*. Dios les pide cuentas cuando reclama su rebaño. Es poco decir que los pastores de Israel no velaron por los intereses de las ovejas, pues tampoco trabajaron en interés del dueño de las ovejas que los contrató y esperaba un rendimiento valioso de su inversión. Esta perspectiva puede aplicarse hoy a las cuestiones de la remuneración de los ejecutivos y la gobernanza de las empresas. Ezequiel no hace una declaración general sobre estas cuestiones, sino que proporciona los criterios con los que se pueden evaluar las prácticas de cada empresa.

Así pues, Ezequiel **34** es un texto valioso para enseñar sobre el trabajo. Los líderes deben preocuparse por las necesidades y los intereses de aquellos a quienes dirigen (Fil **2:3-4**). Además, son responsables de llevar a cabo la tarea económica para la que fueron contratados. Debemos trabajar por la rentabilidad y el bienestar de los que están por encima y por debajo de nosotros en la escala empresarial (Ef **6:5-9**; Col **3:22-24**). Por último, todos debemos trabajar para la gloria que Dios merece.

En este sentido, la rentabilidad o productividad económica se considera una búsqueda piadosa. A menudo las iglesias parecen olvidar esto, como si el beneficio fuera un subproducto neutro o apenas tolerable del trabajo cristiano. Sin embargo, Ezequiel **34** sugiere que el trabajador que causa pérdidas económicas o el directivo que no dirige al equipo para cumplir la tarea no son mejores que los que maltratan a sus compañeros o subordinados. Tanto las personas como el trabajo importan. Cuando Pablo escribió siglos después: "*Y todo lo que hagáis, hacedlo de corazón, como para el Señor y no para los hombres*" (Col **3,23**), se estaba poniendo en el lugar de Ezequiel. Haz el trabajo por el que te pagan (que incluye obtener un beneficio como parte inalienable) como si trabajaras para el Señor. Si trabajas en un negocio rentable, entonces eres responsable ante Dios de ayudar a obtener beneficios.

Pero si la rentabilidad es una obligación ante Dios, entonces los cristianos están obligados a perseguir sólo el beneficio piadoso. Como seguidores de Jesús, estamos en deuda con nuestra empresa por un día de trabajo bien hecho: un plan de ventas bien ejecutado, un buen trabajo de enmarcado, o cualquiera que sea el producto de nuestro trabajo. Los empleadores deben aprender a esperar esto de nosotros. Además, como seguidores de Jesús, nunca podemos dar a nuestra empresa una reclamación medioambiental falsa, nunca engañar a los empleados ni aprovecharnos de su ignorancia, y nunca ocultar un problema de control de calidad. Los empresarios deberían esperar lo mismo de nosotros. Lo que nos convierte en trabajadores buenos y productivos, leales a nuestras empresas, también nos convierte en trabajadores honestos y compasivos, comprometidos con nuestro Señor.

Esperanza de la Alianza de Israel (Ezequiel 35-48)

La enseñanza de la obra de Ezequiel quedaría incompleta sin situarla en el contexto pleno de la futura restauración mencionada a lo largo del libro. El pacto entre Dios e Israel parece haberse roto porque Israel no ha cumplido sus obligaciones, pero Dios restaurará Israel y cumplirá sus promesas cuando Israel vuelva a Él. Este cumplimiento alcanza su clímax en las profecías de restauración y en la sección del libro dedicada al nuevo templo (capítulos **35** a **48**). Aquí el lector ve una imagen más completa del futuro que el fiel exiliado debe anunciar en el presente mediante una vida recta y la responsabilidad colectiva.

La promesa de un pastor davídico en la era de la futura restauración es inherente al "*pacto de paz*" de Dios con Israel (Ez **34:25**) y se denomina "*pacto eterno*" (Ez **37:24-26**). Ezequiel espera con impaciencia el día en que este rey pastor dé paso a las bendiciones que Dios promete a Israel y, lo que es más importante, les lleve a cumplir su vocación como "*pueblo de Dios*". Ezequiel deja claro que Dios les concederá esto dándoles un corazón fiel y un espíritu nuevo para cumplir Sus leyes, como ordenó en Ezequiel **18:31** (véase también Ezequiel **11:19-20**; **36:26-28**; **39:29**). El pueblo de Dios tendrá todo lo que necesita para hacer Su voluntad y será santificado por la presencia de Dios en el nuevo santuario en medio de ellos (Ez **37:28**). Ezequiel dedica nueve capítulos al diseño de un nuevo templo para el día de la restauración y al culto requerido (Ez **40-48**). Dados los estrechos paralelismos entre Ezequiel **38-48** y Apocalipsis **20-22**, cabe preguntarse si la visión de Ezequiel prevé una restauración literal del templo, o si apunta a la realidad mayor de la Nueva Jerusalén, donde no hay templo, *"porque su templo es el Señor, el Dios Todopoderoso, y el Cordero"* (Ap **21:22**).

Como cristianos, ponemos nuestra confianza en el pastor supremo de Cristo. Es Él quien no sólo ha cumplido la justicia personal, sino que también ha asumido toda la responsabilidad colectiva de la humanidad al derramar su propia sangre en nuestro favor. A través de la muerte y resurrección de Jesús, el día de Ezequiel del cumplimiento del pacto ha comenzado para el cristiano. Pero el día no ha terminado, y el pacto no se ha cumplido plenamente. Ezequiel nos enseña que cuando se nos llama a trabajar, se nos llama a una actividad justa en el exilio mientras afrontamos los retos inherentes a la espera de la consumación del reino de Dios. Dios exige un estilo de vida de rectitud individual y responsabilidad colectiva que prefigura el cumplimiento futuro de la alianza. Siguiendo las huellas de Jesús, podemos empezar a vivir la futura restauración de Dios en el lugar de trabajo actual.

Conclusión del libro de Ezequiel

En resumen, este libro nos invita a reflexionar sobre nuestra responsabilidad hacia los demás en términos económicos. Nos recuerda que no somos dueños absolutos de nuestras posesiones, sino administradores de ellas. La riqueza que tenemos es un regalo divino y debemos compartirla con aquellos que necesitan cubrir sus necesidades básicas.

El autor nos muestra cómo esta idea está arraigada en la ley económica de Dios, donde se enfatiza la importancia de cuidar el bienestar económico de nuestros semejantes. A través del mandato de no robar y la obligación de alimentar al hambriento y vestir al desnudo, se nos insta a considerar a todos como parte integral de nuestra comunidad, sin importar si hay una transacción comercial involucrada o simplemente si es alguien con quien tenemos un encuentro casual.

Este libro también nos enseña sobre las leyes bíblicas que promueven la redistribución justa y equitativa de la riqueza. Las normativas relacionadas con el Cálculo de las deudas cada siete años y el reequilibrio durante el año del Jubileo muestran claramente cómo Dios desea corregir las desigualdades sociales y garantizar que nadie caiga en la pobreza.

A medida que avanzamos en esta lectura, descubrimos lo vital e imperativo que es considerar nuestra riqueza como una riqueza común. Debemos reconocerla como un don divino destinado a satisfacer las necesidades básicas de todos los individuos para evitar situaciones injustas o extremas.

En última instancia, este libro desafía nuestro pensamiento convencional sobre economía y propiedad privada, y nos invita a ver el mundo desde una perspectiva más amplia, solidaria y justa. Nos anima a valorar la importancia de cuidar el bienestar económico de los demás y buscar la igualdad en la distribución de nuestros recursos.

En definitiva, este libro es un llamado urgente a poner en práctica las enseñanzas bíblicas sobre la responsabilidad económica hacia los demás, reconociendo que todos somos administradores de lo que tenemos y trabajando por una sociedad más justa y equitativa. Es un recordatorio de nuestro deber moral como creyentes para aliviar el sufrimiento ajeno y construir comunidades prósperas basadas en principios sagrados.

¿Estaremos dispuestos a aceptar este desafío? ¿Nos atreveremos a romper con las normas sociales establecidas para seguir los designios divinos? La respuesta queda en nuestras manos.

Don't miss out!

Visit the website below and you can sign up to receive emails whenever Sermones Bíblicos publishes a new book. There's no charge and no obligation.

https://books2read.com/r/B-A-ALQN-LDLLC

BOOKS2READ

Connecting independent readers to independent writers.

Did you love *Analizando la Enseñanza del Trabajo en el Libro Profético de Ezequiel*? Then you should read *Analizando la Enseñanza del Trabajo en los Libros Proféticos de la Biblia*[1] by Sermones Bíblicos!

2

Descubre el poder transformador de la educación laboral en los libros proféticos de la Biblia. En este fascinante libro, exploraremos las enseñanzas prácticas que podemos aplicar a nuestros días desde un contexto bíblico histórico. A través de relatos cautivadores y citas bíblicas poderosas, descubrirás principios clave para el éxito profesional y las habilidades prácticas necesarias para sobresalir en cualquier entorno laboral.

---

1. https://books2read.com/u/bwNZKO

2. https://books2read.com/u/bwNZKO

Aprenderás cómo mantener la integridad en medio de la presión, tomar decisiones sabias y éticas, y encontrar tu propósito y pasión en tu trabajo. Aprenderemos cómo mantener nuestra integridad e influencia positiva en un entorno corporativo lleno de retos. Además, descubriremos consejos prácticos para desarrollar nuestras habilidades profesionales, manejar el estrés y encontrar satisfacción en nuestro trabajo diario.Este no es solo otro libro sobre educación o desarrollo profesional; es una guía integral basada en principios sólidos extraídos de los libros proféticos de la Biblia. Si estás buscando una nueva perspectiva para tu vida laboral y deseas crecer tanto personal como profesionalmente desde un fundamento sólido e intemporal como lo es la Palabra de Dios, este libro es para ti.*¡Prepárate para ser capacitado por estas enseñanzas prácticas! ¡Descubre cómo puedes tener éxito en tu carrera mientras vives conforme al propósito divino!*

Also by Sermones Bíblicos

Estudiando El Tabernáculo de la Biblia
El Tabernáculo: Descripción de sus Componentes
Principios Bíblicos para una Iglesia: Ilustrados por El Tabernáculo
El Tabernáculo: En el Desierto y las Ofrendas
El Tabernáculo: Las Ofrendas Levíticas, el Sacrificio de Expiación
El Tabernáculo: Un santuario Terrenal

Estudio Bíblico Cristiano Sobrevolando la Biblia con Enseñanzas de la Sana Doctrina
Estudio Bíblico: Génesis 1. La Creación en Seis Días
Estudio Bíblico: Génesis 2. Estatutos de la Creación
Estudio Bíblico: Génesis 3. La Caída del Hombre
El Tabernáculo: En el Nuevo Testamento
Estudio Bíblico: Génesis 4. Aconteció Andando el Tiempo; Presente, Tributo, Oblación
Estudio Bíblico: Génesis 5. El Mensaje que Dios tiene para Nosotros en esta Genealogía

La Enseñanza del Trabajo en la Biblia

La Enseñanza en la Clase Bíblica

Los Cuatro Evangelios de la Biblia
Analizando Notas en el Libro de Mateo: Cumplimientos de las Profecías del Antiguo Testamento

Los Cuatro Evangelios de la Biblia
Analizando Notas en el Libro de Marcos: Encontrando Paz en Tiempos Difíciles
Analizando Notas en el Libro de Lucas: El Amor Divino de Jesús Revelado
Analizando Notas en el Libro de Juan: La Contribución de Juan a las Escrituras del Nuevo Testamento

Notas en el Nuevo Testamento
Analizando Notas en el Libro de los Hechos: Un Viaje de Continuación en la Obra de Jesús

Personajes de la Biblia
Analizando Escenas Bíblicas: 62 Inspiradoras Enseñanzas Cristianas del Antiguo Testamento

Profecías Bíblicas
Perfíl Profético: La Última Semana

Claras Palabras Proféticas: La Profecía Hecha Historia
Perspectiva de la Profecía: El Próximo Gran Acontecimiento
Desarrollo Profético de Dios: Las Señales de los Tiempos
Profecía Cronológica: Las Cosas que Sucederán en la Tierra
Seis Días Proféticos en la Biblia

Sermones de C. H. Spurgeon
La Procesión del Dolor

Sobrevolando la Biblia
Símbolos en la Biblia: Sana Doctrina Cristiana

Standalone
Cristo en Toda la Biblia: Estudio Bíblico
Notas en los Cuatro Evangelios: Comentario Bíblico
Analizando Lo que Está por Suceder: Las Profecías de Dios
Himnos del Evangelio
El Tabernáculo en la Biblia: Como Enseñar el Tabernáculo

About the Author

Esta serie de estudios bíblicos es perfecta para cristianos de cualquier nivel, desde niños hasta jóvenes y adultos. *Ofrece una forma atractiva e interactiva de aprender la Biblia,* con actividades y temas de debate que le ayudarán a profundizar en las Escrituras y a fortalecer su fe. Tanto si eres un principiante como un cristiano experimentado, esta serie te ayudará a crecer en tu conocimiento de la Biblia y a fortalecer tu relación con Dios. Dirigido por hermanos con testimonios ejemplares y amplio conocimiento de las escrituras, *que se congregan en el nombre del Señor Jesucristo Cristo en todo el mundo.*

About the Publisher

Editor

Elvis A. Betancourt T. 4135 Stoney Creek Dr., Lincolnton, NC 28092 *elvisbetancourtt@gmail.com*

Contáctenos

Preguntas y comentarios generales: *seminitt25@gmail.com*

www.ingramcontent.com/pod-product-compliance
Lightning Source LLC
Chambersburg PA
CBHW050612160726
48003CB00003B/1151